Me Encanta Mi Mascota
EL PEZ

Aaron Carr

www.av2books.com

This AV² media enhanced book gives you a fully bilingual experience between English and Spanish to learn the vocabulary of both languages.

English

Spanish

AV² Bilingual Navigation

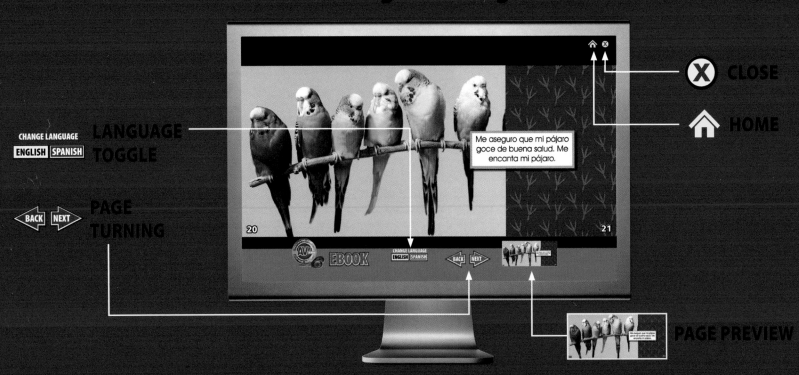

CHANGE LANGUAGE ENGLISH SPANISH
LANGUAGE TOGGLE

BACK NEXT
PAGE TURNING

X CLOSE

HOME

PAGE PREVIEW

Me Encanta Mi Mascota
EL PEZ

CONTENIDO

4

Me encanta mi pez.
Lo cuido bien.

5

Mi pez fue alevín.
Era muy pequeño.

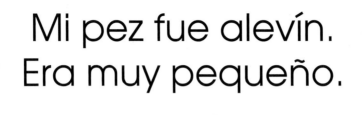

Un carpín dorado recién nacido es más pequeño que una pestaña.

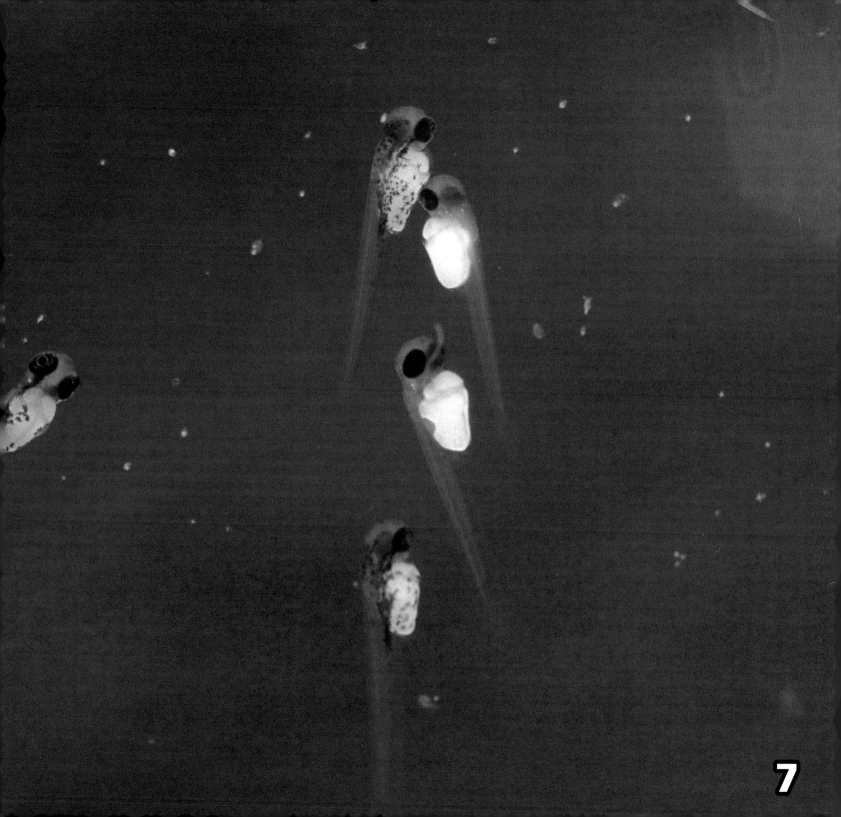

7

Mi pez se hará grande.
Tendré que comprarle
una pecera amplia.

10

Mi pez puede cambiar de colores. Su color cambia para coincidir con las cosas que lo rodean.

Demasiada luz puede hacer que los carpines dorados se vuelvan blancos.

Mi pez no puede cerrar sus ojos. De noche apago las luces para que pueda dormir.

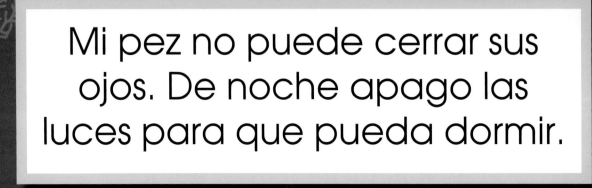

Los peces no tienen párpados.

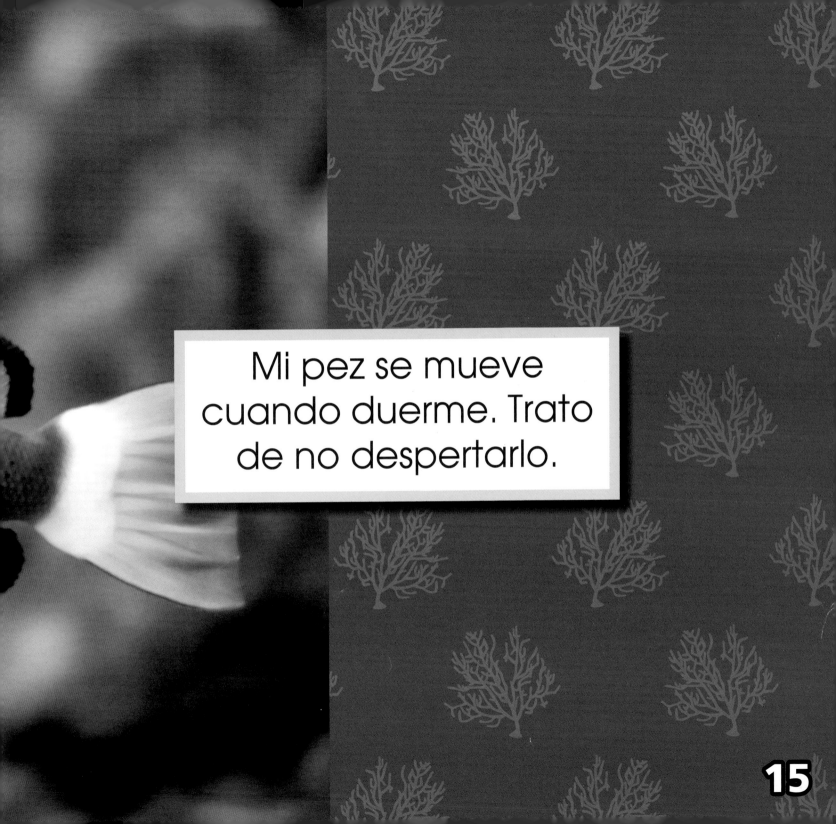

Mi pez se mueve
cuando duerme. Trato
de no despertarlo.

Mi pez come sólo una vez al día. Lo alimento a la misma hora cada día.

Mi pez necesita agua limpia todas las semanas. A mí me toca limpiarle la pecera.

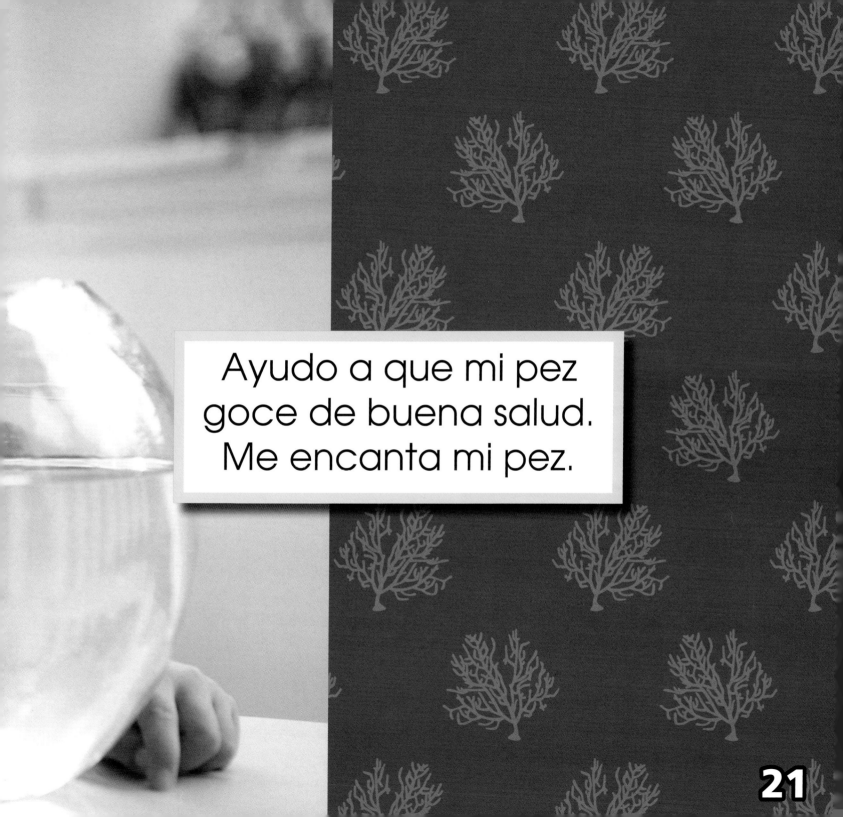

Ayudo a que mi pez
goce de buena salud.
Me encanta mi pez.

DATOS ACERCA DE LOS PECES

Esta página proporciona más detalles acerca de los datos interesantes que se encuentran en este libro. Basta con mirar el número de la página correspondiente que coincida con el dato.

Páginas 4–5

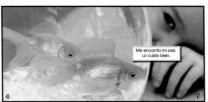

Me encanta mi pez. Lo cuido bien. Los peces son de muchos tamaños, formas y colores. Son bellas mascotas, pero necesitan cuidado regular. El agua de la pecera debe controlarse atentamente para que estén seguros y saludables. Los dueños deben aprender a reconocer los patrones de comportamiento normal de los peces y los signos que indican un malestar para asegurarse que se mantengan sanos.

Páginas 6–7

Mi pez fue alevín. Era muy pequeño. Las crías de peces se llaman alevines. La mayoría de los alevines miden aproximadamente un cuarto de pulgada (0.6 centímetros) de largo. Nacen en grupos de hasta 250. Durante las primeras semanas, se los debe mantener alejados de los peces más grandes. A menudo estos se comen a los alevines. Criar alevines requiere mucho cuidado y debería quedar en manos de dueños con experiencia.

Páginas 8–9

Mi pez se hará grande. Tendré que comprarle una pecera amplia. La mayoría madura en un año, pero siguen creciendo toda su vida. Un pez necesita aproximadamente 30 pulgadas cuadradas (194 cm. cuadrados) de agua por cada pulgada (2.5 cm.) de pez. Dos carpines dorados que miden tres pulgadas (7.6 cm.) de largo necesitan aproximadamente 180 pulgadas cuadradas (1,161 cm. cuadrados) de espacio.

Páginas 10–11

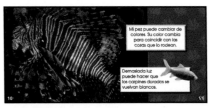

Mi pez no puede cerrar sus ojos. De noche apago las luces para que pueda dormir. Los peces no tienen párpados. Esto quiere decir que los peces no pueden cerrar sus ojos. Para mantener un ciclo regular de sueño, durante la noche los dueños deben apagar las luces en la pecera y en la habitación donde se encuentra la pecera.

Páginas 12–13

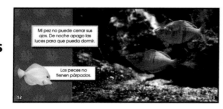

Mi pez puede cambiar de color. Su color cambia para coincidir con las cosas que lo rodean. Algunos peces pueden cambiar de color para camuflarse. Esto les ayuda a esconderse de otros animales. Los carpines dorados cambian de color según la luz. Poca luz produce un color dorado, mientras que demasiada luz puede resultar en un pez blanco.

Páginas 14–15

Mi pez se mueve cuando duerme. Trato de no despertarlo. Los peces no duermen igual que las personas. Muchos peces se mueven cuando duermen, para mantener su equilibrio y posición en el agua. Otros descansan en el fondo de la pecera o en las plantas. Es importante no asustar a tu pez mientras duerme.

Páginas 16–17

Mi pez come sólo una vez al día. Lo alimento a la misma hora cada día. Muchos peces necesitan comer una o dos veces cada día. Diferentes peces tienen diferentes necesidades alimenticias. Habla con tu veterinario para determinar la dieta apropiada para tu pez. Asegúrate de no sobrealimentarlo. La sobrealimentación lo puede enfermar.

Páginas 18–19

Mi pez necesita agua limpia cada semana. A mí me toca limpiarle la pecera. Las peceras deben limpiarse aproximadamente una vez por semana. Los cambios en el agua pueden causar estrés y enfermedad en los peces. Cambia sólo entre una cuarta y una tercera parte del agua de la pecera a la vez. Pon a tu pez en una pecera temporal durante la limpieza.

Páginas 20–21

Ayudo a que mi pez goce de buena salud. Me encanta mi pez. Chequéalo a menudo para detectar señales de enfermedad. Si notas cambios en los patrones de alimentación, sueño o actividad, quizás esté enfermo. Cambios del color o de la condición de sus branquias y aletas también pueden indicar enfermedad. Si notas estas señales, comunícate de inmediato con un veterinario.

Published by AV² by Weigl

Published by AV² by Weigl
350 5th Avenue, 59th Floor New York, NY 10118
Website: www.av2books.com   www.weigl.com

Carr, Aaron.
 [Fish. Spanish]
 El pez / Aaron Carr.
    p. cm. -- (Adoro a mi mascota)
 ISBN 978-1-61913-183-5 (hardcover : alk. paper)
1. Goldfish--Juvenile literature. I. Title.
 SF458.G6C3718 2012
 639.3'7484--dc23
                           2012018620

Printed in the United States of America in North Mankato, Minnesota
1 2 3 4 5 6 7 8 9 0 16 15 14 13 12

012012
WEP170112

Senior Editor: Heather Kissock
Art Director: Terry Paulhus

Weigl acknowledges Getty Images as the primary image supplier for this title.